Vivre
Poèmes

AF143900

Vivre

Vivre

Anthony PATÉ

Édition : BoD - Books on Demand
12/14 rond-point des Champs-Élysées, 75008 Paris
Impression : BoD - Books on Demand, Norderstedt,
Allemagne

ISBN : 978-2-3223-9730-3
Dépôt légal : Novembre 2021

A Ninette et Juju.
Dansez les filles.
Chantez !

ଔ

Je ne voulais en écrire qu'un.
La vie est un poème,
La vie n'est qu'un poème.
Il ne faut en écrire qu'un.
Bien sûr, il ne faut en écrire qu'un.
Un par vie.
Un seul, un bien choisi, les mots sentis.
J'en ai écrit un,
Puis deux,
Puis un par jour,
Puis un par seconde.

Il apparaît en contrebas.
A la rencontre de deux vallées.
Si vertes.
Mon village.
Sur ce vieux muret de bord de route.
Mon père et ma mère sont assis pour
l'éternité.
Au loin, le rocher me commande de me
calmer,
De me reposer enfin.
Je chemine lentement et prudemment.
J'y suis.
Je suis arrivé au village.
Celui de mon enfance.
Celui de mon père.
Celui de mes rêves.
Les virages se succèdent,
La chaleur m'enveloppe.
Mon village est là.
Il fait nuit bientôt,
J'irai respirer le noir de la rivière.
Déambuler et m'inspirer de ses ruelles.
Puis le soleil se lèvera,
Je redeviendrai contemplateur
Des merveilles des gorges.

Je me noierai dans les bruits du causse, enfin,
Encore.
Dimanche arrivera,
Comme un soulagement.
Le marché,
Ce marché.

Une enfilade légère et majestueuse.
Colorée.
Vivante.
Libre.
J'entre fébrilement,
J'y marche naturellement.
J'y suis chez moi,
Chez moi le plus possible.
C'est ici, à ce moment, en cet endroit.
Près de cette halle,
Sous ce beffroi,
A deux pas de la rivière,
Sous le roc,
Dans ce village.

Reviens ma belle,
Ma tendre, ma douce.
Mais reviens, où vas-tu ?
Tu ne peux pas t'en aller comme ça.
On a tant fait ensemble, on a tant promis.
On a tant voulu, s'il te plaît reviens.

C'est beau ce qu'on a fait ?
Mais oui.
C'est beau.
C'est grand.
Oui.

Mais de rien mon enfant.
De rien.
Vraiment de rien.
Tu as grandi ? C'est donc ça.
Déjà ça...
Alors vas-y ma belle, fonce.
Ma douce. Mon enfant. Ma fille.

Un joli vent souffle en moi.
Il m'apaise.
Il me transporte par-ci, par-là.
Je fredonne cette chanson,
J'oublie son nom.
Je suis bien.
Ce joli vent me porte,
J'avance et je m'arrête.
Je respire.
Je suis si bien.
Tu ne dois pas être loin.

ᘓ

Elle est là, parmi d'autres,
Mais c'est elle que je regarde,
Sur ce tapis vert et jaune,
Elle tranche solidement.
Fragile.
La petite fleur violette.
Le vent l'agite, le soleil la sublime,
La pluie la fait grandir.
Elle sait tout,
Elle ne peut raconter.
Il faut s'asseoir à côté, la contempler.
S'enivrer, s'inspirer.
Puis repartir, se lever,
Continuer, avancer.

೫

Ne rien avoir sous la main.
Garder la tête bien loin.
Ne rien savoir compter.
Ne rien avoir à porter.
Laisser l'esprit s'en aller,
Au loin.
Si loin.
Ne rien garder dans les poings.
Rester libre, besoin de rien.
Ne rien posséder,
Surtout ne rien posséder.
Rien à demain.
Essorer aujourd'hui.
Vivre sans tout ça.

Vivre sans toi,
Jamais ça.

❦

J'aime bien y mettre ma tête,
Ça me repose,
Ça me fait prendre de la distance.
J'y vois les choses avec ce qu'il faut
d'indifférence.
Un peu en dehors de mes romances.

❧

Le jour où les oiseaux ont disparu,
Ce matin-là,
Mes amours,
J'ai pleuré.
J'ai pensé au rouge-gorge de mon enfance,
Il y en avait des tas dans mon petit jardin.
J'ai pensé à ce rouge-gorge
Et j'ai pleuré.
Il me regardait jadis,
Je parvenais à l'approcher,
Presque à le caresser.
Oh non, il ne m'appartenait pas.
Il appartenait à la Terre.
Il n'appartenait à personne.
Ce jour où les oiseaux ont disparu,
J'ai pensé à vous,
Si jeunes,
Vous ne verrez plus de rouge-gorge,
Plus de pinson, de pie ou d'hirondelle,
De mésange ou de tourterelle.
Ce fut la fin d'un temps.
Ce matin-là.
Ce jour où les oiseaux ont disparu.
Nous nous battîmes pourtant.
Nous hurlâmes notre colère.

Criant que tout ça n'a pas de sens,
Qu'il fallait ralentir,
Que cette allure,
Était un crime contre-nature.

Je vous ai regardées et j'ai pleuré.
Je me suis excusé aussi.
D'avoir échoué.
Ça n'a rien changé.
Bien sûr ça n'a rien changé.

Mon petit rouge-gorge est venu me trouver
Une nuit,
Une de celle où je suis recroquevillé,
Il est venu siffloter à mon oreille,
Que c'était une folie,
D'avoir choisi de vivre sans lui.

❧

Ce jour où tu ne m'aimeras plus
Ce jour où nous irons ensemble
Mais sans se joindre les mains
J'emporterai en moi cette douleur

Un sourire aux lèvres pour ne rien gâcher de plus.

Je veux de la pluie sur mes épaules.
Encore longtemps.
Comme sur cette jetée ce mois d'été.
Lors de cette averse imprévue.
J'y ai pleuré en pensant à tous ceux dont je
suis orphelin.
J'ai aimé cette pluie cet été-là.
Pour eux sans doute,
Pour eux.
Désormais incapables de ressentir cela.
J'ai aimé cette pluie.
Elle m'était douce.
Bien plus douce que ces larmes sur mes
joues.

Je veux de la pluie encore.
Sur mes épaules.
Et puis partout.
Si longtemps.
Je veux l'entendre me faire vivre.
Je veux de la pluie.
Je veux même l'orage et la tempête.
Je veux être en vie.

❧

Dis-lui que la vie est un cadeau
Dis-lui simplement qu'il est beau.
Dis-lui que personne ne l'attend
Mais qu'il sera partout
Où il voudra
Dis-lui.
Dis-lui que sans lui
Y'a bien moins de sens
A n'importe quelle existence.
Dis-lui tout ça.
Qu'on ne tombe jamais vraiment,
Que le meilleur est pour maintenant.
Dis-lui simplement qu'il est beau
Qu'il doit sourire à nouveau.
Dis-lui.

Les larmes qui coulent n'entachent rien.
J'ai pleuré et espéré que cela s'arrête,
C'est ainsi.
Simplement espéré.
Et pourquoi pas ?
Entre deux combats.
Argument fragile et sincère.
Assumé.
J'ai simplement espéré.
J'ai pleinement espéré.

Pour qu'il s'arrête un instant.
Même court.
Pour ne plus nous voir grandir ;
Ni vieillir.
Juste ce parfum, à pleins poumons.
Juste une éternité, un instantané.
Une chance insensée de se voir figé là.
Une joie de s'enivrer de cette vie
Encore une fois.
Pour qu'il s'arrête un instant.
Pour s'aimer.
Pour s'animer de toutes nos forces.
Et hurler notre joie.
De s'enivrer de cette vie.
Si belle.
Si belle.

Ils se noient dans l'obscurité,
Ceux dont on ne veut plus entendre parler.
Ils se sont levés.
Avec la ferme intention de ne plus supporter.
Ils ont marché d'un pas hésitant.
Déterminés.
Tout quitter pour un ailleurs.
Meilleur.
Mais on ne veut même plus en entendre
parler.
Et ils se noient dans l'obscurité.
Je pensais que cela irait,
Je pensais qu'on avait fini,
Qu'à force de détourner le regard
On savait faire face.
On savait aider.
On savait aimer.

On n'a pas su.
Ils ont pris le chemin pour tenter de vivre.
Mais nos chemins ne se croiseront jamais.
Ça aurait pu être beau pourtant.

Avancer ensemble
Les souffrances en moins, la conscience en
plus.
Mais les murs ont gagné.

Et je meurs en silence à tes côtés.
Toi l'oublié.
Toi dont on ne veut plus entendre parler.
Toi qui meurt noyé dans notre obscurité.

Ses mains étaient énormes et puissantes.
Elles n'ont jamais cessé de travailler
Elles empoignaient, tournaient, levaient.
Rien ne pouvait les arrêter.
Des vacances ?
Sans cesse repoussées vers une retraite qui
n'arrivera jamais.
Des voyages et des rires envolés.
Pour une poignée de patrons,
Insolents, insensibles et stupides.
Du repos ?
Un peu sans doute, entre amis et famille,
Le temps d'un rien.
Il faut y retourner, empoigner, tourner, lever.
Pour une poignée de patrons prêts à tout pour
voler, nager,
Naviguer, manger, posséder et diriger.
De l'argent ?
Des tas, de trop, ça déborde,
Mais pas chez lui.
Il n'aura rien du château qu'il a construit.
Du mépris.
Il voulait du temps pour aimer, rire et chanter.

Danser, écouter, voyager et découvrir.
Se reposer aussi.
Et me serrer dans ses bras.
Plus longtemps qu'un soupir.
Plus longtemps qu'un souvenir.

❧

J'ai vu des princes et des rois
J'ai vu des gens d'en bas
J'ai vu des gens normaux
Et puis les gens d'en haut
Qui tous se retournaient vers toi.

ॐ

J'aurais aimé me rappeler de ces moments-là
Embué dans la joie
Rappelé par ce passé enchanté
Débordant de tendresse et de rires aux éclats
J'aurais aimé me rappeler de ces moments-là
Et ne pas m'effondrer.
J'aurais aimé repenser à toi.
Sans tout cet effroi
Sans savoir que je ne te reverrai pas.

෪

J'ai ce cri qui me revient en tête.
Chaque nuit.
Ou peut-être chaque instant je ne sais pas.
J'ai ce cri qui me revient en tête et je ne sais pas pourquoi.
Sans doute pour ne pas oublier.
Son cri me revient en tête.
Il résonne entre soleils couchants.
Il déchire le temps.
Et l'horizon aussi.
Son cri est silencieux et effrayant.
Ce n'est qu'une photo d'enfant.

Laissez-leur le temps de reconstruire.
Ça vient à peine de s'effondrer.
Ne soyez pas surpris !
Ça s'effondre depuis longtemps.
Voilà que vous ouvrez les yeux.
Ne soyez pas surpris.
Vous n'avez rien construit pour eux
Vous avez consommé,
Vous avez espéré.
Hypnotisés par le passé,
Perdus dans votre présent,
Confiants pour leur futur.
Vous aviez vécu le plus dur.
Il leur suffisait d'être et d'avoir.
Le reste suivrait.
Ce sont vos certitudes,
C'étaient vos certitudes.
Ne vous plaignez pas !
Insolence et ineptie s'accordent mal.
Laissez-les rebâtir.
Vous n'avez rien construit pour eux.
Vous avez usé la Terre,
Produit à l'infini,
Vous avez compté aussi.
Beaucoup trop compté.

Oh ! Rassurez-vous.
Ils ne vous en veulent pas.
Pas plus. C'est tout.
Pas plus. Vraiment.
Pas plus.
Laissez-les rebâtir.
Autrement.

○3

La tour Eiffel était si petite,
Écrasée par cet horizon trop bas.
Finies les Lumières.
Fini.
Nous avions perdu le combat,
Broyés par nos indifférences.
La tour Eiffel était si petite,
Réduite à un tas de fer,
Au milieu d'un enfer.
Réduite à n'être qu'un vestige,
D'un passage raté,
De toute cette humanité.

La voilà.
Comme chaque soir.
Sombre horizon de fin de journée.
Elle me plongera dans le doute.
De tout.
Existence médiocre.
Combats futiles.
Issues pré-écrites.
Amitiés et amours envolées.
Elle me plongera dans la difficulté.
Dans des abîmes d'angoisses.
Ce sera long encore.
C'est long une nuit.
Mais on en réchappe toujours.

Ce soir,
Les yeux écarquillés,
Je souffrirai encore,
Je douterai de tout.
C'est la nuit.
Maudite nuit.

Elle me manque cette vieille chaise.
Ta main la frappait sèchement,
Avant de t'y asseoir,
Grinçante et solide,
Solide et tremblante.
Elle avait l'odeur des moments calmes,
Elle avait l'odeur des bons livres,
Celle de la fumée de cigarettes aussi,
Hélas.
Elle me manque.

Le bois n'est plus le même,
Le grincement m'agace toujours,
Mais ma main n'y change rien.
Les bons livres sont restés.
J'en saisi un.
Quelle odeur aura ce moment ?
Je suis solide, je m'assois.
Prêt à affronter l'instant.
Tu n'es plus là.

Sommes-nous encore capables de quelque chose ?
Sommes-nous encore ?
Nous avons réussi à crier plus fort.
Mais sommes-nous prêts à vivre.

Cela commence à peine
Et nous avons déjà disparu
Cela commence à peine et nous nous excusons déjà
Sommes-nous seulement capables de quelque chose ?

Nous avons cru briller
Nous étions simplement en train de nous étouffer.
Nous étions enivrés.

Il paraît qu'on peut encore espérer ou prier.

Il s'agit pourtant de bien plus.

Mais sommes-nous encore capables de quelque chose ?
Quelque chose d'autre que suivre un chemin.
Quelque chose d'autre qu'espérer.
Quelque chose d'autre que prier.

Vivre en harmonie avec la fleur.
Vivre en harmonie avec le vent.
Vivre en harmonie avec nous-mêmes.
Mais sommes-nous capables de si jolies
choses ?

Sommes-nous encore ?

⌇

Je m'en viens après avoir traversé la Terre,
Sous les yeux hagards de tous ces fous.
Eux qui n'ont pas l'honneur de te connaître,
Et qui pensent avoir vécu.
Honnêtes, malhonnêtes,
Travailleurs ou bourgeois.

Je ne laisse plus cette place au mystère.

Je viens.

Après avoir laissé l'or et les diamants à leurs
places.
Sans avoir décroché le moindre morceau de
lune.

Je viens.

Les poches vides,
Je viens.

L'âme légère,
Je viens.

Seul et amoureux.

❧

Imaginez un socle dur comme un tas de
plumes n'en eut jamais formé.
L'esprit qui plane au-dessus est forgé dans la
plus pure colère.
Plus il vous regarde, plus il vous transperce.
Il vous suffit pourtant de regarder au travers.

La durée vous appartient.

La douceur et la bienveillance vous
apparaissent enfin ?

Il est là pour vous.

L'artiste qui lui a donné vie n'a pensé qu'à
vous.
Il vous protégera comme il a protégé nos
ancêtres.
Ceux des termitières.
Ceux de la poussière.

❦

Si je passe un jour dans le temps d'avant,
J'aimerais rencontrer tous ceux qui m'ont fait,
Avec un poème, une danse ou un câlin.
Une victoire, une pensée ou un refrain.
Que sais-je.
Une main tendue, une parole ou un destin.
Un regard, un refus ou un chagrin.
J'aimerais les serrer dans mes bras et
Leur dire de ne pas s'en faire.
Que le temps est indomptable,
Qu'on est tous misérables.
Mais que la vie est aussi belle
Qu'une chanson de Brel.
Que même vieux on peut être heureux,
Que leurs combats sont les miens
Et que j'encaisse les coups au moins aussi
bien.
Que notre génération va l'emporter.
Qu'on est ambitieux et généreux.
Que l'autre n'est plus un ennemi.
Que le temps nous a fait penser
Qu'il fallait mieux s'entrainer,
Qu'il fallait mieux s'entraider.
Alors je les remercierai
D'être un exemple pour nous
Je leur dirai qu'éclairer un chemin

Est parfois plus compliqué que de l'emprunter
Que maintenant nous sommes lancés,
Et que jamais rien ne pourra nous arrêter.
Qu'ils peuvent ouvrir grand les yeux et
Nous regarder s'aimer et vivre heureux.
Que leurs ambitions ont forgé nos décisions.
Qu'on a déclaré la paix pour tous et à jamais.

∽

Note pour maintenant :
(Il y a peu de "plus tard.")
Penser à faire de belles phrases pour que les
enfants n'oublient pas de danser.

∽

C'était un soir rouge comme on en trouve que
là-bas.
D'un pas rapide, la nuit s'installait sur la ville.
Nous étions quelques amis.
Regards croisés.
Attablés, exténués par cette journée
empoussiérée,
La nuit allait nous avaler.
Il n'y avait plus que l'obscurité,
Et Koudougou nous a avalés.
Mais nous sommes restés,
À contempler notre amitié.
À se dire,
Qu'à bien calculer,
Ces moments-là valaient toutes les monnaies.

＆

Tout se figea en moi.
L'univers entier s'arrêta.
Le temps, lui aussi.
Même le vent cessa,
Tout.

Une caresse nous enveloppa,
Et de cet instant, nous fîmes du miel,
Des oranges et des blés hauts,
Des arcs-en-ciel,
Une merveille,
Et une paix universelle.

Une chaleur immense et douce,
Emplit l'instant,
Emplit mon corps.
Une douceur au cœur.
Et de la quiétude, nous découvrîmes le sens.

La raison,
Nous étions enfin réunis.
Mon enfance et moi.

Il ne faudrait pas lâcher,
Il ne faudrait pas se raisonner,
Il faudrait accepter enfin,
Qu'il n'y a pas d'âge pour être orphelin.

Tout cela semble bien trop compliqué,
Alors je me tourne sur ce qui vit,
Sur ceux qui bougent le monde,
Sur ce qui agite cette planète moribonde.

Sur les belles causes, sur les combats,
Sur les "on y croit".
Sur les enfants, les battants
Sur ceux qui trouvent que la vie a du talent.

Un soleil, une éternité,
Un désir de convivialité,
Un moment partagé,

Tous ces destins entremêlés.

Un instantané,

Une éternité.

Et pourtant, toujours se retourner.

Et pourtant... Ce passé.

୧୧

Je suis tout à la fois,
l'esclave et la proie,
l'imbécile, l'indigne, la paria.

Celle qu'on enferme,
Celui qu'on cache,
Celle qui n'a plus de droit,
Je suis tout à la fois.

L'insolent, la combattante,
La rebelle, l'insoumis,
Celui qui n'abandonne pas.
Celle qui n'abandonne jamais.

Je ris de vous voir tenter de me faire taire.

Les barreaux ondulent.
Le ciel se dégage.

♋

Je fais partie de celles et ceux qui savent ce que c'est que d'avoir le bout des doigts abîmé. Les ongles bleus, cette douleur dans le bas du dos et les oreilles qui sifflent chaque soir en rentrant tard.
Usées par le bruit.

Je fais partie de celles et ceux qui vont mal gérer les devoirs des enfants parce qu'ils sont fatigués et agacés.
Irrités d'avoir combattu toute la journée pour bâtir.
Ou pour faire tourner la machine.

Je suis de celles et ceux qui ont honte de ça.
Les enfants n'ont rien demandé.
Je suis de celles et ceux qui souhaitent juste un temps calme le soir.
De celles et ceux qui savent que ces moments-là devraient être dédiés à la famille, aux amis, aux autres.
Je fais partie de celles et ceux qui ont peu de temps libre.

Je fais partie des gens qui entendent qu'il faudrait travailler plus, sans vraiment comprendre.

Je fais partie de celles et ceux qui vont mal vieillir.

Le soir en rentrant, j'entends à la télé qu'il faut allonger le temps de travail.

Chaque semaine, et aussi après soixante ans.

Cet homme a l'air si sérieux que ça paraît important.

Mes phalanges brûlent de douleur, les crevasses ne se referment pas.

Mon coude me lance, le médecin a commandé du repos.
Il ne vient pas.
Mon salaire est peut être dix fois moins élevé que l'homme en costume de la télé.
Je suis usé.
Je fais partie de celles et ceux qui produisent.
Je fais partie de celles et ceux qui sont, c'est vrai, un peu aigris.
Je fais partie de celles et ceux qui n'ont pas de réunions de travail, de colloques ou de déjeuners d'affaires.
Je suis de celles et ceux qu'on héberge à trois par chambre dans un hôtel entrée de gamme lors des déplacements.
Les hôtels sympas en ville sont pour l'homme en costume bleu.

Je suis de celles et ceux pour qui on réfléchit
à la pénibilité du travail.

Merci.

Mon coude, j'éteins la télé.
Je me lève pour prendre un cachet.
Les enfants dorment.
Je me couche.
L'homme en costume de la télé
a quinze ans d'espérance de vie en plus.

ॐ

Tous ces moments magiques.
Lointains et parfois flous.
A peine écrits, trop vite effacés.
Pourtant gravés dans nos mémoires.
On se souvient précisément
De détails délicats et insaisissables,
De cette odeur ou de cette chaleur qui nous enveloppait,
De ce sol poussiéreux emprunté,
De cette brise sur nos peaux,
De ces émotions sucrées.

On y songe un sourire au cœur.
On s'y replonge un instant.
Plus ou moins long.
Plus ou moins dense.
Et pourtant.

La mélancolie s'installe.
C'est peu voulu.
C'est mal contrôlé.
C'est glissant.

On choisit cette douce tristesse.
Tendrement, elle nous ramène vers le beau.
Se jouant du temps.

Se jouent de la distance.
On contemple cette vie passée.

Pour tous ces moments magiques,
Nous choisissons donc de vivre.
Chaque sol poussiéreux.
Chaque ciel croisé.
Chaque instant.

❧

Une fois de plus il nous faudra donc désobéir.
Nous avions tout argumenté pourtant,
Méthodiquement.
Inlassablement.
Avec bienveillance et en tout point.
Mais le cynisme de leurs pensées,
Leurs incompétences à comprendre font
poindre le crépuscule.

La seule idée sensée donc.
Le sérieux des actes.
Une fois de plus il nous faudra désobéir.

Lui au Burkina,
Nous pas.
Dire que Félix est mort.
C'est assez sombre,
La vie.
On est là et toi là-bas,
Et on fait que pleurer.
Que veux-tu faire.
T'étais beaucoup pour nous.
On crève d'envie nous aussi,
De réveiller des gens.
Qu'ils descendent du béton pour pleurer avec
nous.
Pleurer Félix.
Tout seul devant et nous si loin.
Toi sous ton canari,
Nous dans notre désert.
On fait ce qu'on peut,
Sans manière.
Dire que Félix est mort,
Dire qu'il est mort Félix.
On traversera pas Poa,
Dans le tout petit soir rouge.
On sera là pourtant,
A boire notre silence.

℘

Elles m'échappent déjà.
Non pas que je les ai emprisonnées.
Loin de là.

Je les ai aimées.
De trop ?
Je continuerai à les aimer évidemment,
De plus en plus.

&

La jeunesse à peine périmée,
Tu te replonges dans tes pensées,
Et tu te demandes,
C'était quand ton apogée.

Au foot avec les gosses du quartier ?
Ou à l'époque quand tu t'enjaillais en soirée ?
Était-ce avec elle pendant ces nuits
enchantées ?
Ou simplement en famille un dimanche après-
midi.

La lumière s'assombrit.
Même la lune a compris,
Elle chope le tournis.

Mais pas cette fois.

Non pas cette fois.

Tout commence et ils vont comprendre.
Que rien sans toi ne se fera.
Que s'il faut compter sur quelqu'un ce sera toi.
Avec ou sans leurs avis.
Avec insolence et orgueil.
Renverser la table.
Bousiller le modèle.
Leur faire regretter leurs idées.

Devenir leur ombre puis prendre leur place.
Chercher la vérité sans prescription jamais.
Cramer leurs idéaux destructeurs.
Détruire leurs inégalités.
On va se rejoindre.
Tout refaire avec ardeur,
Tout refaire avec bonheur,
On va leur faire regretter.
Prendre la place et tous les dégager.
Plus orgueilleux tu meurs.

Faudra faire avec nous.

Ciao menteurs, aveugles et nantis.
Puissants, dirigeants et puants.

Hier c'était bien.
Mais ton apogée c'est aujourd'hui,
Et ce sera demain aussi.